AF331323

DES CO-OBLIGÉS

AUX DETTES

DES ÉMIGRÉS.

Par J. B. M. JOLLIVET, Conservateur-général des Hypothèques, ex-Député à l'Assemblée Nationale-Législative.

A PARIS,

Chez Du Pont, rue de la Loi, N°. 1231.

Floréal an VI.

DES CO-OBLIGÉS

AUX DETTES

DES ÉMIGRÉS.

LA question de savoir si, pour la conservation de leurs droits, privilèges et hypothèques, les créanciers, ainsi que les co-obligés et cautions des émigrés, sont obligés de faire inscrire leurs titres aux Bureaux de la Conservation des Hypothèques, ayant fait naître la question de savoir *si, depuis la loi du 1.er floréal an 3, articles 1.er et 112, les co-obligés et cautions des émigrés envers leurs créanciers, soit non émigrés, soit habitans des pays neutres et alliés, pouvoient être contraints de payer*, outre la part et portion qu'ils en doivent personnellement, *celle dont la nation est chargée comme représentant les émigrés*, il m'a été adressé de différens points de la république plusieurs mémoires à ce sujet, les uns par des créanciers, les autres par des débiteurs solidaires et par des cautions.

En les examinant avec le scrupule qu'exige l'importance même de la question, j'ai trouvé qu'elle étoit TOUTE POLITIQUE, et que *la foi dûe aux contrats* ne pouvoit être invoquée en cette matière, ni conduire à aucune décision raisonnable.

Cette circonstance me détermine à livrer à l'impression le mémoire que j'ai fait à ce sujet.

Si je n'ai point erré, il en pourra résulter l'avantage d'appliquer les principes posés à d'autres questions qui se reproduisent fréquemment au Corps législatif, et qui prennent leur source dans la même cause.

1. Les dettes des émigrés, et en général de tous les individus et corporations dont les biens ont été réunis aux domaines nationaux, se partagent naturellement en deux classes.

2. La première composée des dettes auxquelles les émigrés étaient seuls obligés, sans aucun lien de solidarité, d'hypothèque ou de cautionnement avec d'autres individus, envers leurs créanciers ; et cette classe est étrangère à la question.

3. La seconde classe de dettes qui fait le sujet de ce mémoire est composée des dettes à l'égard desquelles il existait originairement, au profit des créanciers, un lien de solidarité, d'hypothèque ou de cautionnement, tant contre les émigrés que contre des individus soit français non émigrés, soit habitans des pays neutres ou alliés.

4. Cette seconde classe se subdivise en trois espèces.

5. La première composée des dettes dont la totalité se trouve, en définitif, à la charge de la nation, comme représentant les émigrés , et à l'égard desquelles néanmoins il subsistoit, au profit des créanciers , un lien de solidarité , d'hypothèque ou de cautionnement contre d'autres co-obligés ou leurs biens.

6. La seconde composée des dettes dont la totalité se trouve, aussi en définitif, à la charge de co-obligés, soit français non émigrés , soit habitans des pays neutres ou alliés , mais avec droit de solidarité , d'hypothèque ou de cautionnement contre la nation représentant les émigrés.

7. La troisième espèce composée des dettes , à la charge , par portions soit égales , soit inégales , tant de la nation représentant les émigrés , que des autres co-obligés.

8. Enfin les biens qui servent de gage à ces créanciers sont encore, ou ne sont plus, ou n'ont jamais été indivis entre les émigrés ou la nation qui les représente , et leurs co-obligés.

9. L'émigration ayant pris un caractère de révolte , la nation française a cru devoir la punir par la confiscation des biens des émigrés.

10. Abstraction faite de toute autre considération politique, les vrais principes du crédit public et privé auraient exigé que la condition de leurs créanciers non émigrés ou habitans des pays neutres et alliés restât la même qu'auparavant, afin de nè point envelopper l'innocent avec le coupable, de ne faire craindre à personne la perte ou l'évanouissement de son gage légitime, et de ne fournir aucun prétexte à la *hausse* de l'intérêt de l'argent, ni à la *baisse* du prix vénal des biens fonds.

11. Mais la nécessité, le malheur, des fautes commises, enfin *force majeure* a obligé la république de rompre ou dénaturer le contrat existant entre les émigrés et leurs créanciers;

1º. En affranchissant les biens des émigrés des droits, privilèges, solidarités, hypothèques et cautionnemens dont ils étoient grévés, pour en laisser à la nation la libre et parfaite disposition, sauf le recours des créanciers sur le prix à l'égard des émigrés insolvables, et la faculté de se placer au nombre des créanciers purs et simples de l'état à l'égard des émigrés solvables.

2º. En convertissant en rentes perpétuelles ou inscriptions au grand livre de la dette publique tous les capitaux exigibles.

3º. En remboursant ensuite les deux tiers de la dette des émigrés solvables, à la charge de la nation, avec des bons au porteur qui perdent, contre numéraire, 98 pour cent, tandis que le tiers consolidé perd lui-même 80 pour cent.

4°. Et enfin en restraignant le droit du créancier, contre la nation, à la part et portion dont l'émigré étoit tenu personnellement, quoique, par le titre primitif, celui-ci pût être poursuivi et contraint pour la totalité, sauf son recours contre les autres co-obligés ou débiteurs.

12. Plusieurs de ces novations résultent des articles 1.er et 112 de la loi du 1.er floréal an 3, qui s'expriment en ces termes :

Art. 1er. « *Les créanciers des émigrés sont dé-* » *clarés créanciers* DIRECTS *de la république, excepté* » *ceux des émigrés en faillite, ou notoirement in-* » *solvables.* »

Art. 112. « *Les créances sur les biens indivis se-* » *ront liquidées par les corps administratifs, comme* » *les autres créances sur les émigrés, mais pour la* » *portion seulement qui concernera la nation, et* » *après qu'elles auront été préalablement discutées* » *par les parties intéressées; néanmoins les liquida-* » *tions déjà faites, conformément à la loi, par les* » *corps administratifs, sont maintenues, sauf à ré-* » *péter sur les co-partageans les portions de ces* » *créances qui auront été acquittées à leur dé-* » *charge. Toute action de solidarité envers la na-* » *tion, à raison desdites créances, demeure éteinte.* »

13. La disposition de l'article 112 que l'on vient de rapporter, quoique renfermant le principe, ne contenoit que quelques-uns des cas détaillés aux nos. 5, 6, 7 et 8.

Mais en y joignant et l'art. 1.er et les loix antérieures sur les biens nationaux, la plupart des corps administratifs, et particulièrement le liquidateur général de la dette des émigrés du Département de la Seine, se sont crus suffisamment autorisés,

1°. A rejetter de la liquidation tous les cautionnemens souscrits par les émigrés, sauf aux créanciers à se pourvoir contre les autres cautions ou contre le débiteur principal.

2°. A rejetter pareillement de la liquidation toutes les dettes ou la portion des dettes dont les émigrés n'étaient pas tenus personnellement, et que les créanciers n'auraient pu exiger d'eux qu'à raison d'un lien quelconque de solidarité, d'hypothèque, etc. sauf aux créanciers à diriger leurs poursuites contre les vrais débiteurs.

14. Ce rejet a eu lieu sans distinguer si, à l'époque du 1.er floréal an 3 ; les biens grévés étaient ou n'étaient plus ou n'avaient jamais été indivis entre les obligés principaux, subsidiaires, cautions, etc. parce qu'au fonds il n'y a, en effet, aucune raison pour admettre cette distinction.

15. Mais les loix qui avaient ainsi rompu ou dé-

nature le contrat entre les émigrés et leurs créanciers ayant gardé le silence sur le droit de ceux-ci à l'égard des co-obligés non émigrés ou habitans des pays neutres et alliés, il s'est agi de savoir *si ceux-ci pouvaient être ou non contraints de payer*, outre la part et portion qu'ils en doivent personnellement, *celle dont la nation est chargée comme représentant les émigrés*.

16. On conçoit très-bien qu'en s'adressant à la nation pour la part qu'elle doit, les créanciers seraient obligés non-seulement d'attendre leur tour de liquidation, mais encor de souffrir, 1°. d'être payés, non en numéraire, mais en inscriptions et bons de remboursement, 2°. la réduction ou plutôt la perte d'une très-forte portion de leur créance.

17. Ils ont donc intérêt de regarder la nation comme insolvable ou en faillite, et de faire payer sa part aux co-obligés, sauf le recours de ceux-ci contre la nation.

18. La puissance de ce mobile les a déterminés presque tous, 1°. à ne se point présenter à la liquidation, 2°. à poursuivre les co-obligés, mais avec des succès différens suivant les lieux, les circonstances et les variations présumées dans la conduite politique du gouvernement ; car,

Dans l'intervalle du 1.er floréal, an 3, à la suppression du papier-monnaie , les créanciers ont gardé le silence.

Dans l'intervale écoulé depuis cette époque jusqu'au 24 nivose an 5 , jour d'une résolution du Conseil des 500, (qui se serait trouvée favorable aux co-obligés si elle eut été approuvée par le Conseil des Anciens,) le nombre des jugemens rendus dans les divèrs tribunaux de la République, en faveur des créanciers , est à-peu-près égal à celui des jugemens qui déchargent les co-obligés et renvoient les créanciers à se pourvoir contre la nation pour la portion à sa charge.

Enfin dans l'intervale écoulé depuis le 13 germinal an 5 , (jour du rejet de cette résolution par le Conseil des Anciens ,) jusqu'à présent , les poursuites sont devenues très-actives , et il y a beaucoup plus de jugemens en faveur que contre les créanciers.

19. La plûpart néanmoins sont restés sans exécution , sur-tout depuis que la multiplicité connue des nouvelles réclamations , et le doute encore subsistant sur l'équité de ces poursuites , ont fait craindre aux créanciers de s'engager dans des fraîs qu'ils pourraient avoir un jour à supporter.

20. La question , en effet , n'est point encore et ne pouvait être décidée par le rejet de la résolution du 24 nivose an 5 , puisque ,

1°. Le rejet fait par les Anciens n'est point une loi qui soit notifiée aux tribunaux et promulguée comme le bulletin des loix pour en faire la règle de leurs jugemens.

2°. La résolution elle-même était incomplette et mal rédigée, ce qui suffisait seul pour la faire rejetter.

3°. La loi du 1er. floréal an 3 et celles antérieures d'où naisssent les difficultés, n'ayant point été abrogées, les parties intéressées se trouvent au même état qu'avant le rejet de la résolution du 24 nivose an 5.

21. Dans ces circonstances, le soussigné, consulté de divers points de la République, sur cette matière, soit par des créanciers, soit par des débiteurs,

Est d'avis que la question qui divise les créanciers des émigrés, et les co-obligés de ceux-ci, ne peut pas être décidée, soit par les tribunaux, soit par une nouvelle loi, d'après la convention originaire des parties, et que vouloir y ramener cette question c'est rentrer dans une série d'inconséquences et d'absurdités dont il ne serait plus possible de se tirer.

22. En effet, la nation menacée par les émigrés ayant jugé convenable et nécessaire à sa propre conservation, non-seulement de confisquer leurs biens, mais encore de rompre ou modifier le contrat existant entre eux et leurs créanciers, pour entrer à cet égard, comme elle en avait le droit incontestable, dans un nouvel ordre de choses

uniquement fondé sur la maxime *salus populi su-*
prema lex esto , a par cela même dénaturé la convention originaire ; et elle l'a dénaturé aussi bien à
l'égard du co-obligé que du créancier de l'émigré ;
puisque,

1⁰. Le *créancier* aurait eu , en vertu de son
contrat , le droit de se faire payer de la nation
la totalité de la dette , *et que* (par l'intervention
de la puissance publique ,) *il ne le peut plus au-*
jourd'hui.

2⁰. Le *co-obligé* contraint de payer au créancier
la dette de la nation aurait eu , en vertu de son
contrat , le droit de s'en faire rembourser par elle
intégralement ou dans les mêmes espèces , *et que*
(par la même intervention de la puissance publique,)
il ne le peut plus aujourd'hui.

23. D'où l'on voit clairement que le contrat est
rompu dans toutes ses parties et à l'égard de tous
les intéressés et contractans , leurs héritiers et
représentans.

24. Cela posé , le *juste* et *l'injuste* appliqué à
la position respective des parties intéressées sont
des mots vuides de sens ou qui , du moins , se
détruisent l'un par l'autre ; puisque, cessant le
salus populi suprema lex esto,

Il est tout aussi *injuste* d'exiger du *co-obligé* de
payer la dette au créancier , pour faire perdre ensuite au *co-obligé* tout ou partie de la dette lors-

qu'il voudra s'en faire rembourser par la nation;

Qu'il est *injuste* d'exiger du *créancier* qu'il renonce à son droit contre le co-obligé, pour faire perdre ensuite au *créancier* tout ou partie de sa créance lorsqu'il voudra s'en faire payer par la nation sa débitrice.

25. C'est donc uniquement dans l'intérêt de la nation, c'est-à-dire, dans sa situation politique qu'il faut puiser les règles de décision.

26. Il n'y a pas de doute que, s'il était possible de rapporter la loi du 1.er floréal an 3 et celles antérieures, l'autorité publique ne s'empressât de le faire et de remettre, par cette voie, toutes les parties contractantes au même et semblable état qu'elles étaient auparavant.

Mais l'impossibilité de ce retour à l'ancien ordre de choses est tellement démontrée, tellement évidente qu'il ne faut plus penser à ce moyen de réglement ou de justice.

27. Ainsi donc la perte est inévitable. Mais *par qui est-il dans l'intérêt et la situation politique de la nation que cette perte soit supportée ?*

Voilà, en dernière analyse, la seule et unique question à résoudre.

28. Or, l'obligation qui serait imposée aux co-obligés et cautions de payer et solder, aux créan-

..., la dette de la nation, doit produire invariablement les effets qui suivent.

1°. De faire hausser l'intérêt de l'argent, par nécessité dans laquelle les co-obligés qui manquent de capitaux se trouveraient de recourir à l'emprunt et d'augmenter par-là la concurrence des emprunteurs.

2°. D'avilir le territoire, ou, en d'autres termes de faire *baisser* le prix des biens fonds, non seulement à raison de la hausse de l'intérêt, mais encore par la mise en vente des biens territoriaux de ceux des co-obligés qui n'auraient pu trouver à emprunter.

3°. D'augmenter les dépenses de l'état, principalement celles de la guerre et de la marine, du supplément d'intérêts des cautionnemens et fonds d'avance des entrepreneurs et fournisseurs de la République, intérêts qu'ils ne manquent jamais de faire entrer préalablement dans leurs marchés avec le gouvernement.

4°. D'avilir et déprécier de nouveau la dette de l'état, par conséquent d'altérer le crédit public.

5°. De rendre interminable le travail et de prolonger à l'infini les frais et les dépenses de la liquidation du passif des émigrés par la condition de rapporter le titre de créance et la preuve de la qualité de créancier de la république, ce dont le co-obligé ne pourrait justifier qu'après avoir entièrement soldé le créancier originaire.

6º. De diminuer la concurrence des acheteurs de domaines nationaux, et, par une suite nécessaire, les moyens d'extinction de la dette publique, par le refus du créancier à se faire liquider, et l'impossibilité où se trouverait le co-obligé de se placer au rang des acquéreurs jusqu'à ce que, ayant acquité la dette de la nation, il y ait été subrogé et se soit fait liquider.

7º. D'obliger le Corps législatif à charger la nation de nouvelles contributions publiques pour combler le déficit que toutes ces causes réunies doivent produire dans les finances de l'état.

8º. Et finalement d'augmenter le nombre des malheureux, des mécontens et des ennemis du gouvernement.

29. Il n'est donc pas possible d'accueillir la demande des créanciers, et si quelques tribunaux l'ont fait, ce ne peut être que par ignorance ou des vrais principes, ou des effets *cruels* des maximes qui les ont déterminés en faveur des créanciers.

30. Mais, cessant le *salus populi suprema lex esto*, il faut réédifier ou rétablir le contrat sur ses anciens fondemens, en tout ce qui n'aurait rien de nuisible au corps social.

On ne voit donc aucune difficulté sérieuse à ce que le créancier soit conservé dans le droit qu'il avait auparavant de recourir à l'un des co-obligés à son choix pour toutes les parts et portions dont la nation ne s'est point chargée.

3). Dans tous les cas une loi est nécessaire,

Soit pour lever les doutes des tribunaux sur le sens et les effets de la loi du 1er. floréal an 3;

Soit pour relever de la déchéance et admettre à cassation les co-obligés mal-à-propos condamnés jusqu'à présent ;

Soit enfin pour réorganiser le contrat dans le sens dont on vient de parler , n°. 30.

JOLLIVET